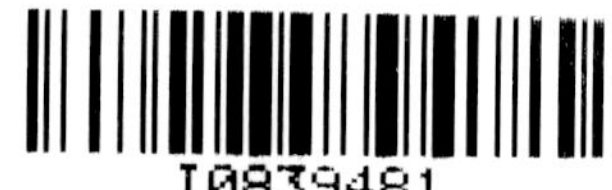
I0839481

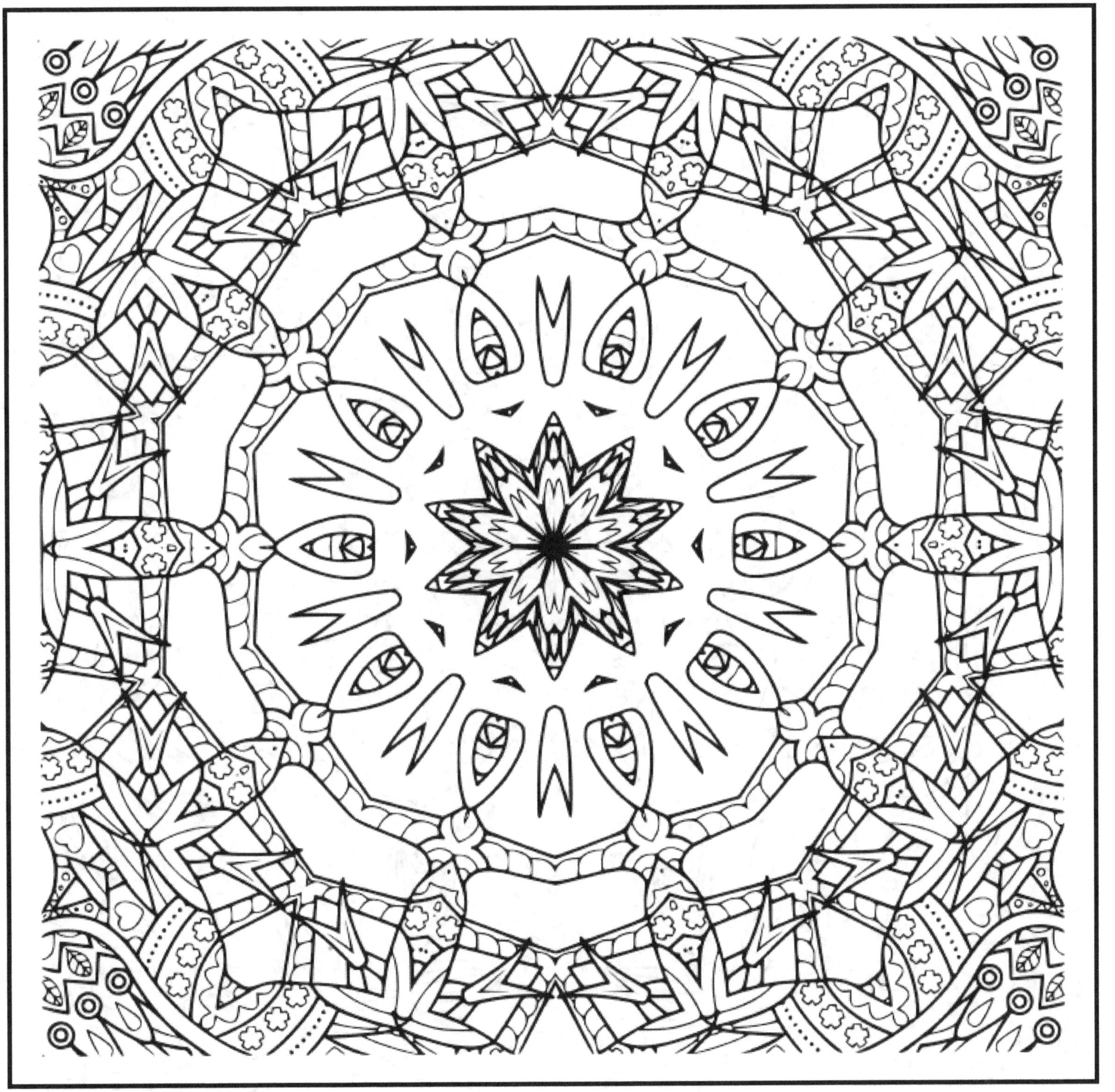

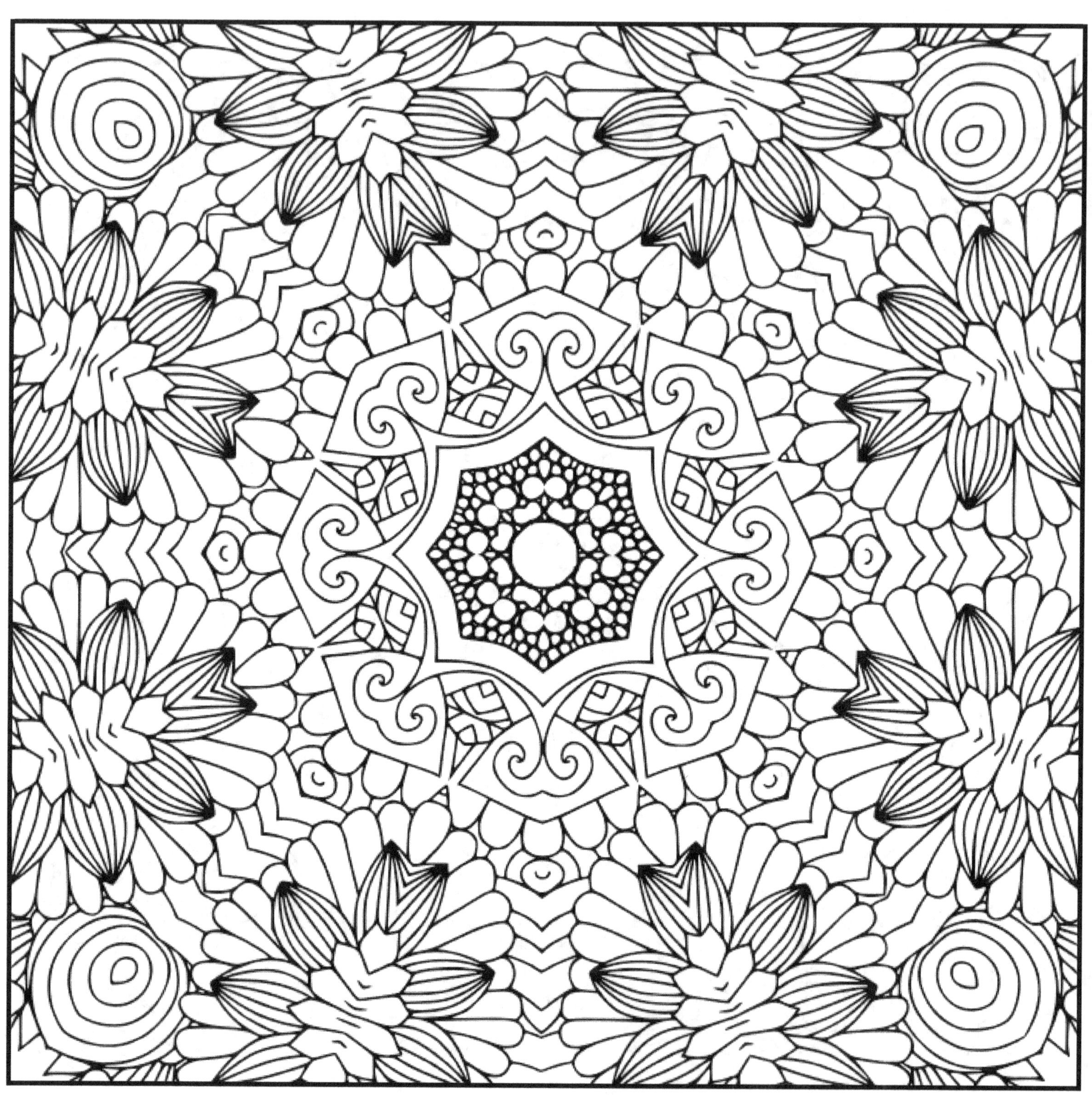

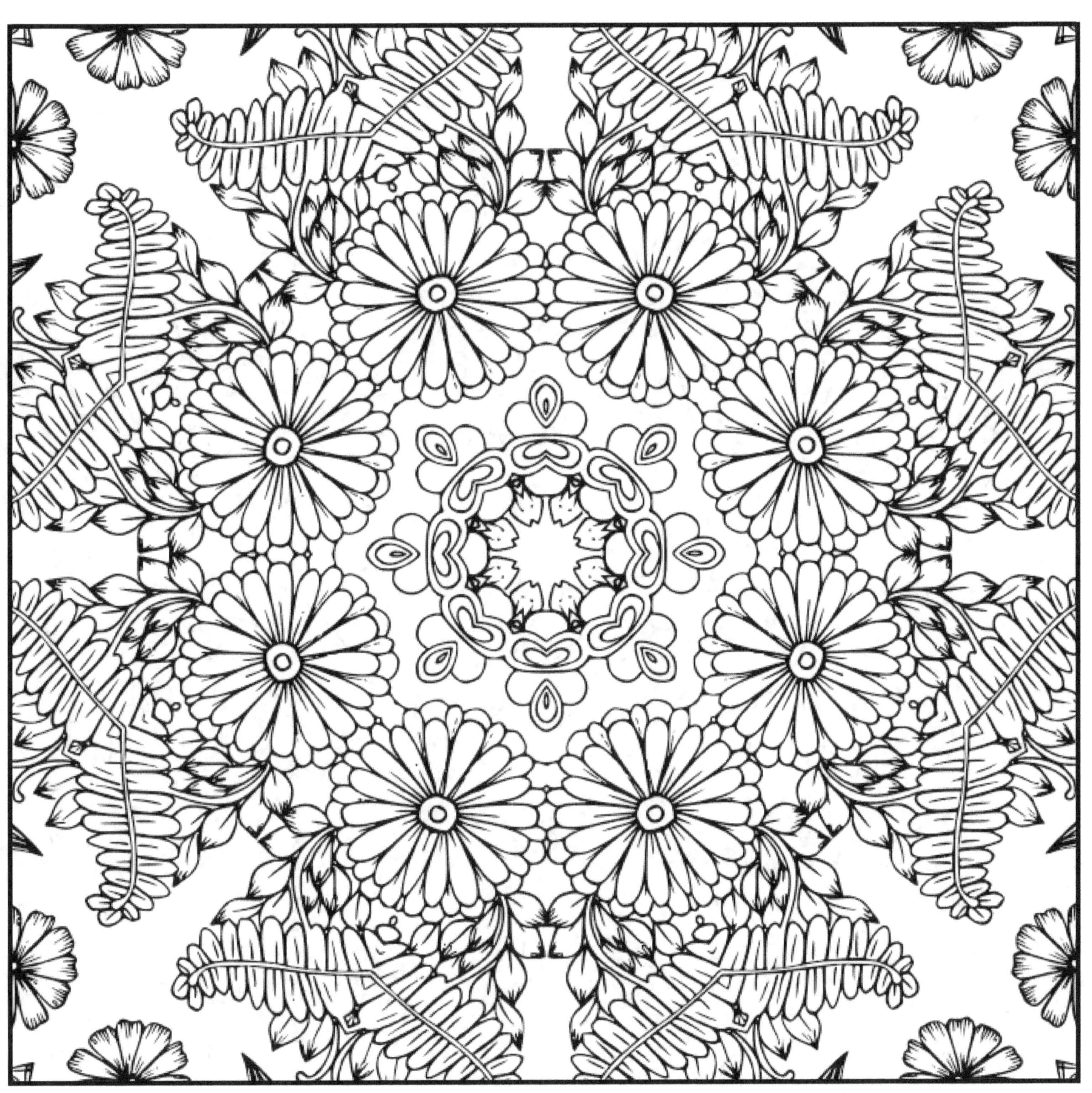

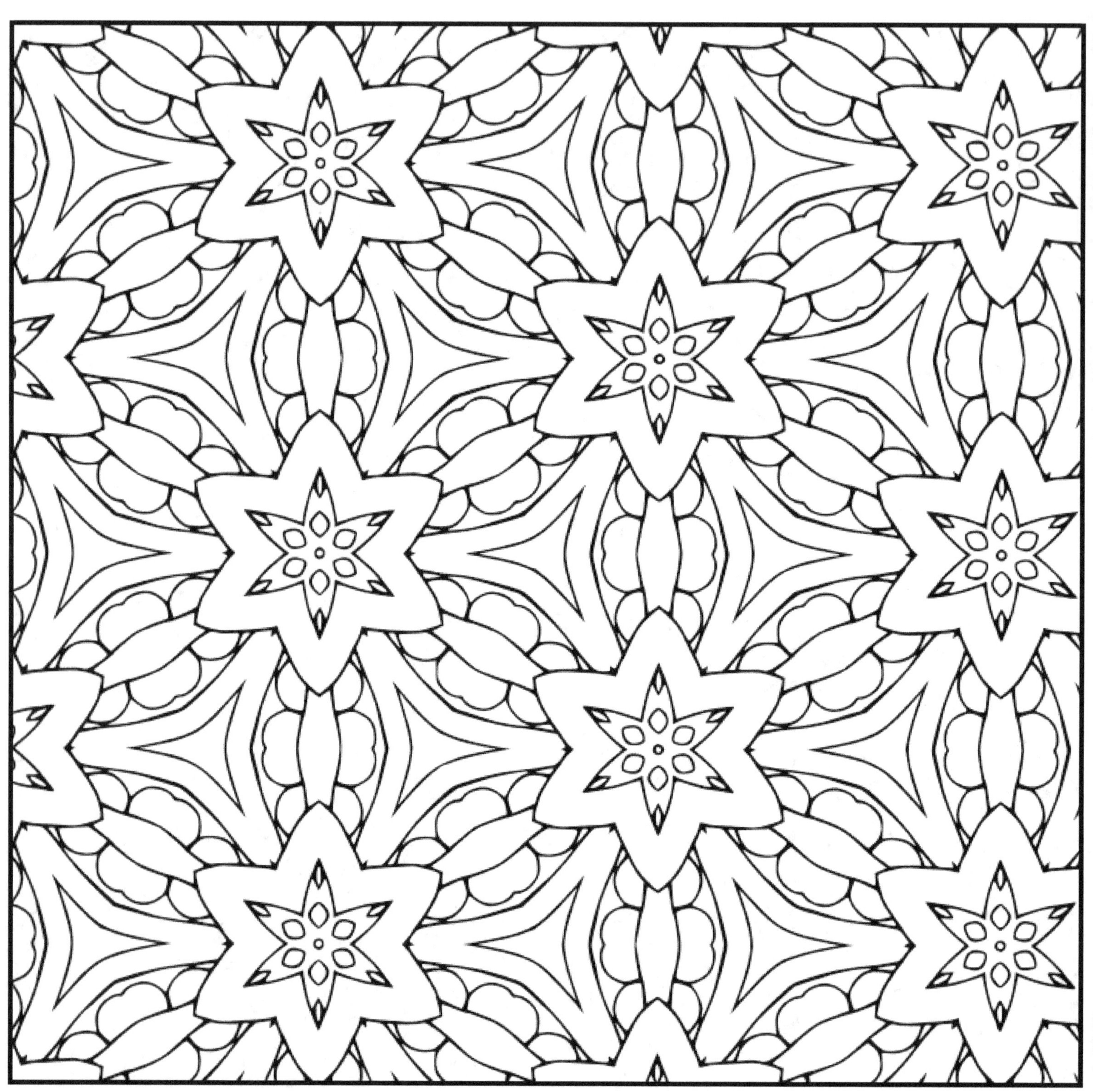

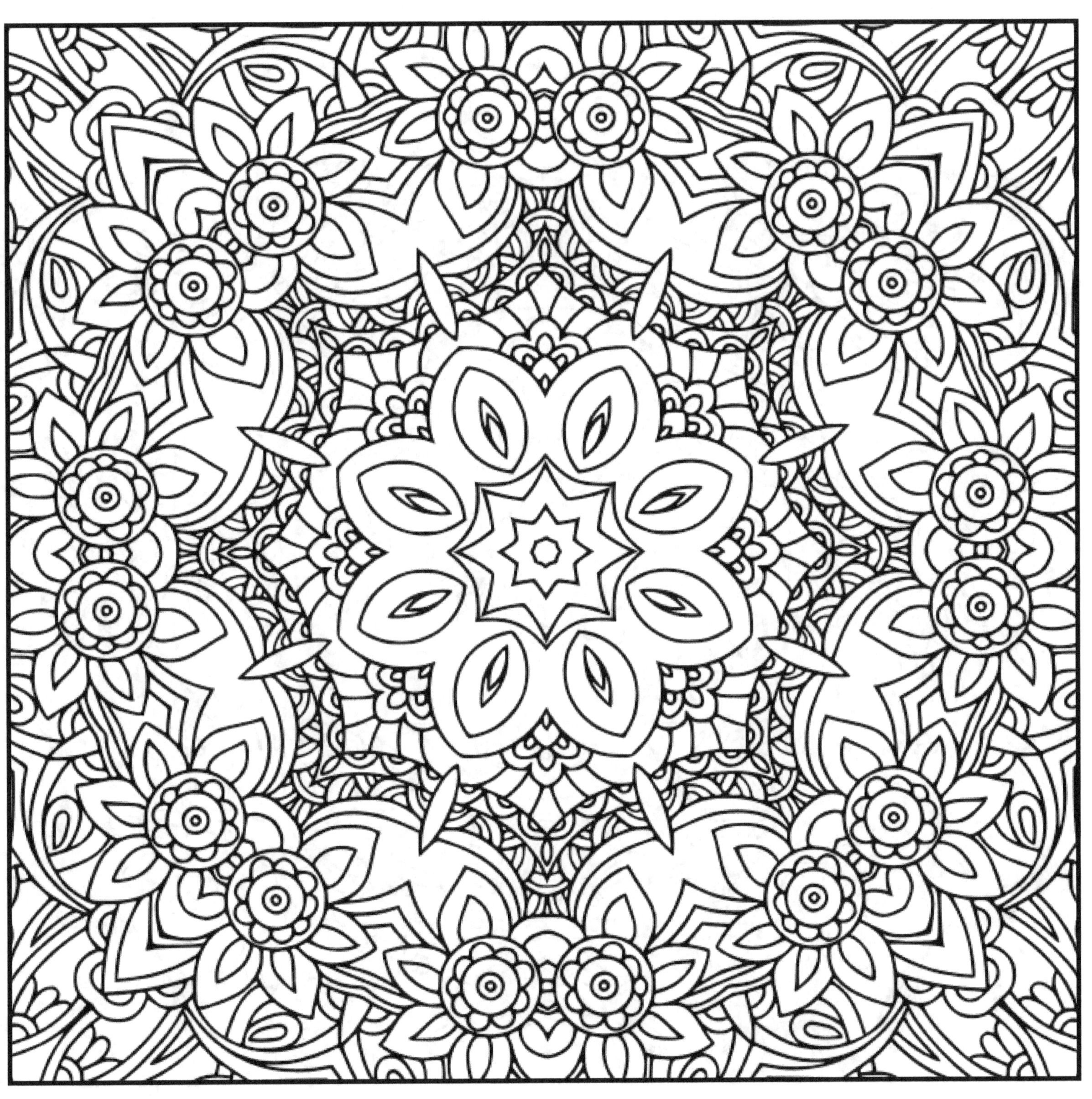

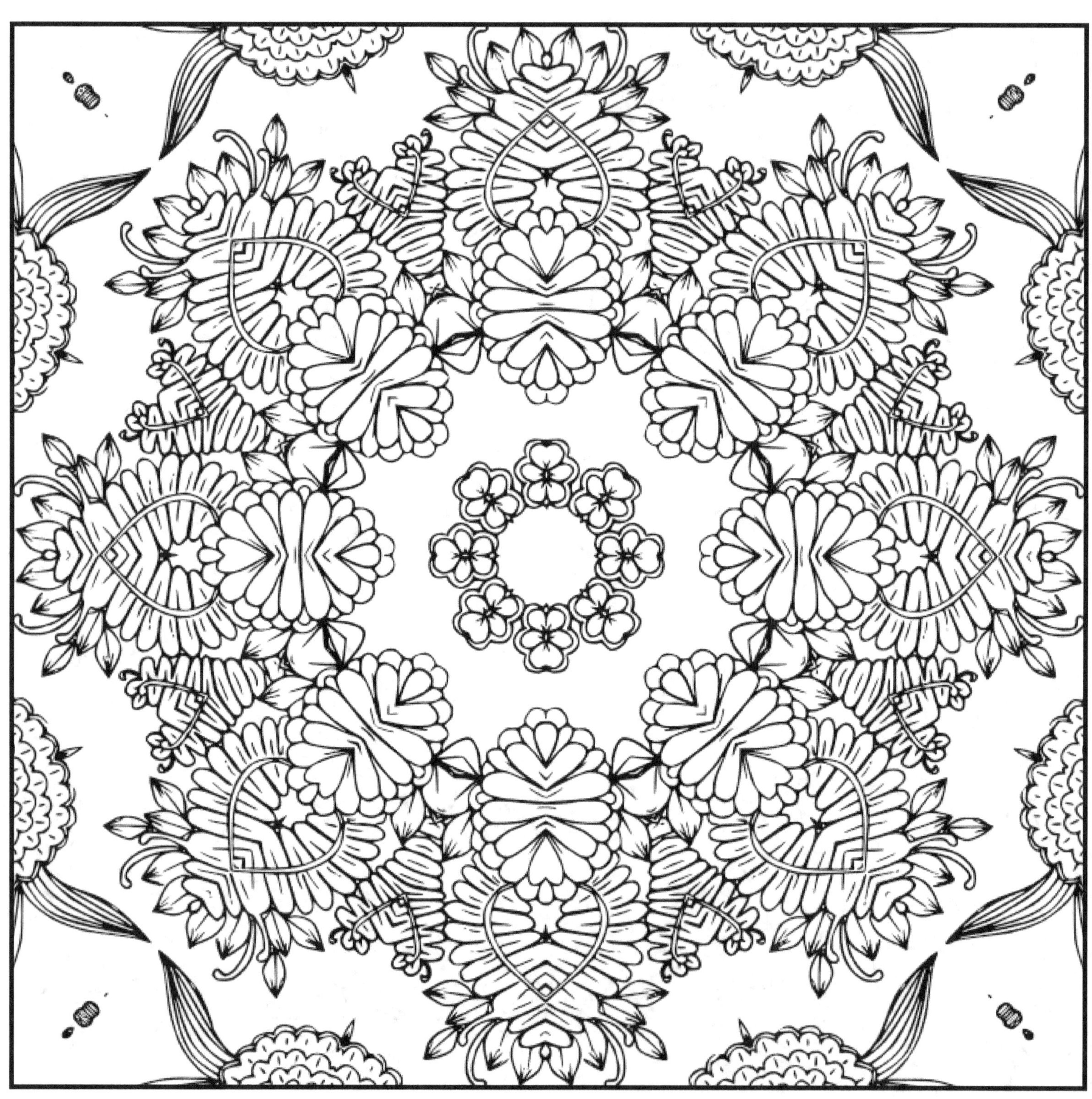

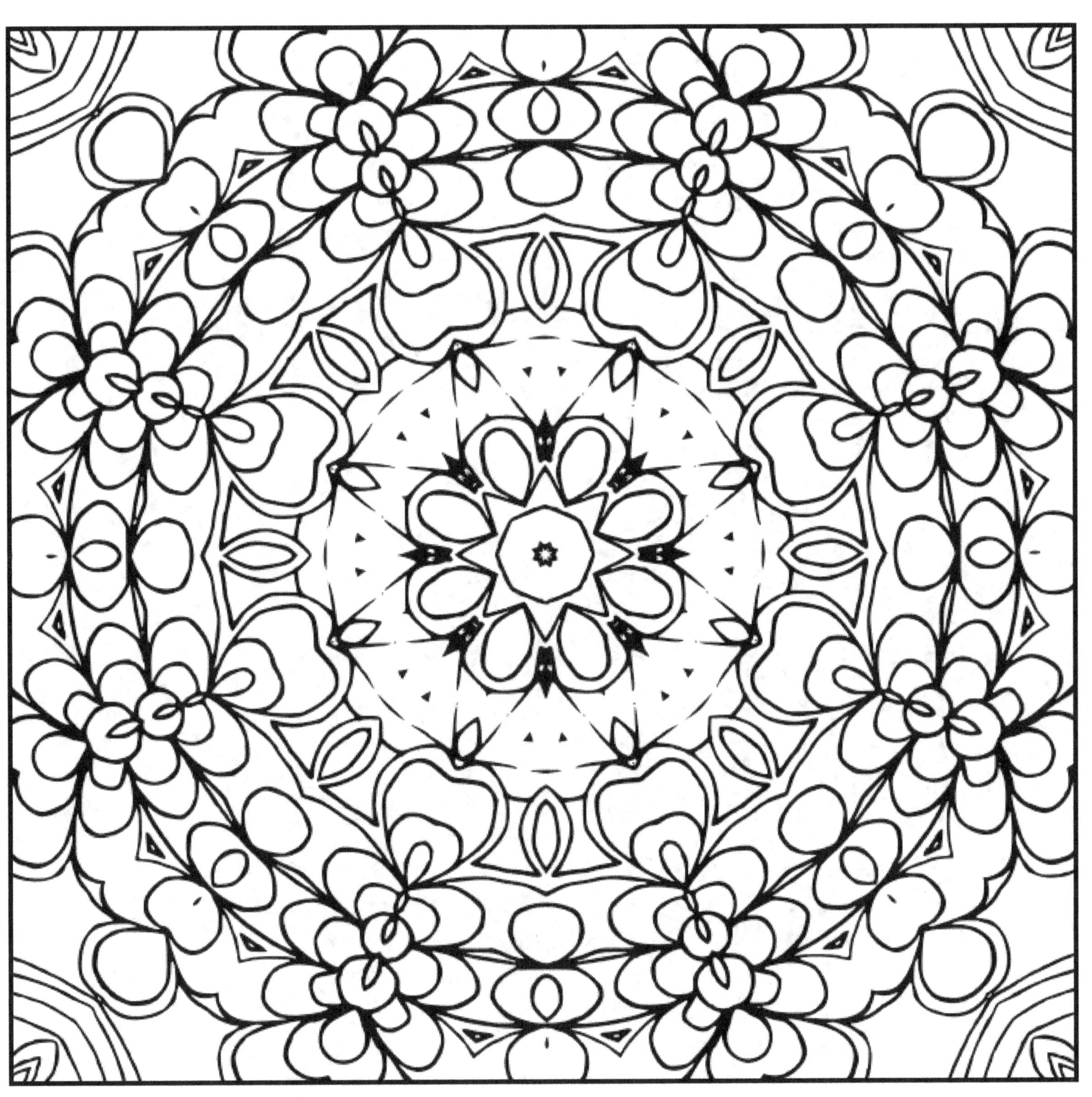

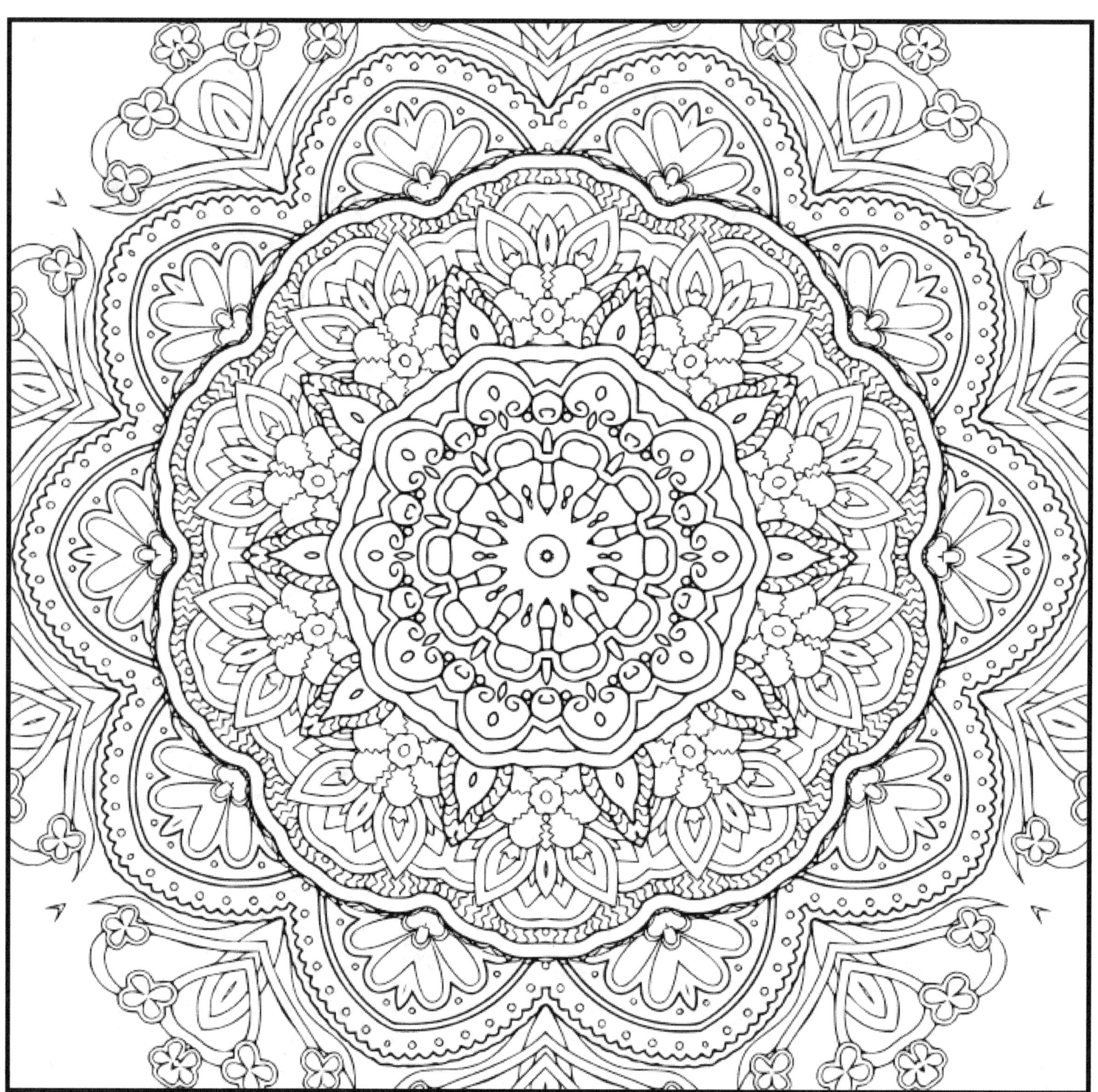

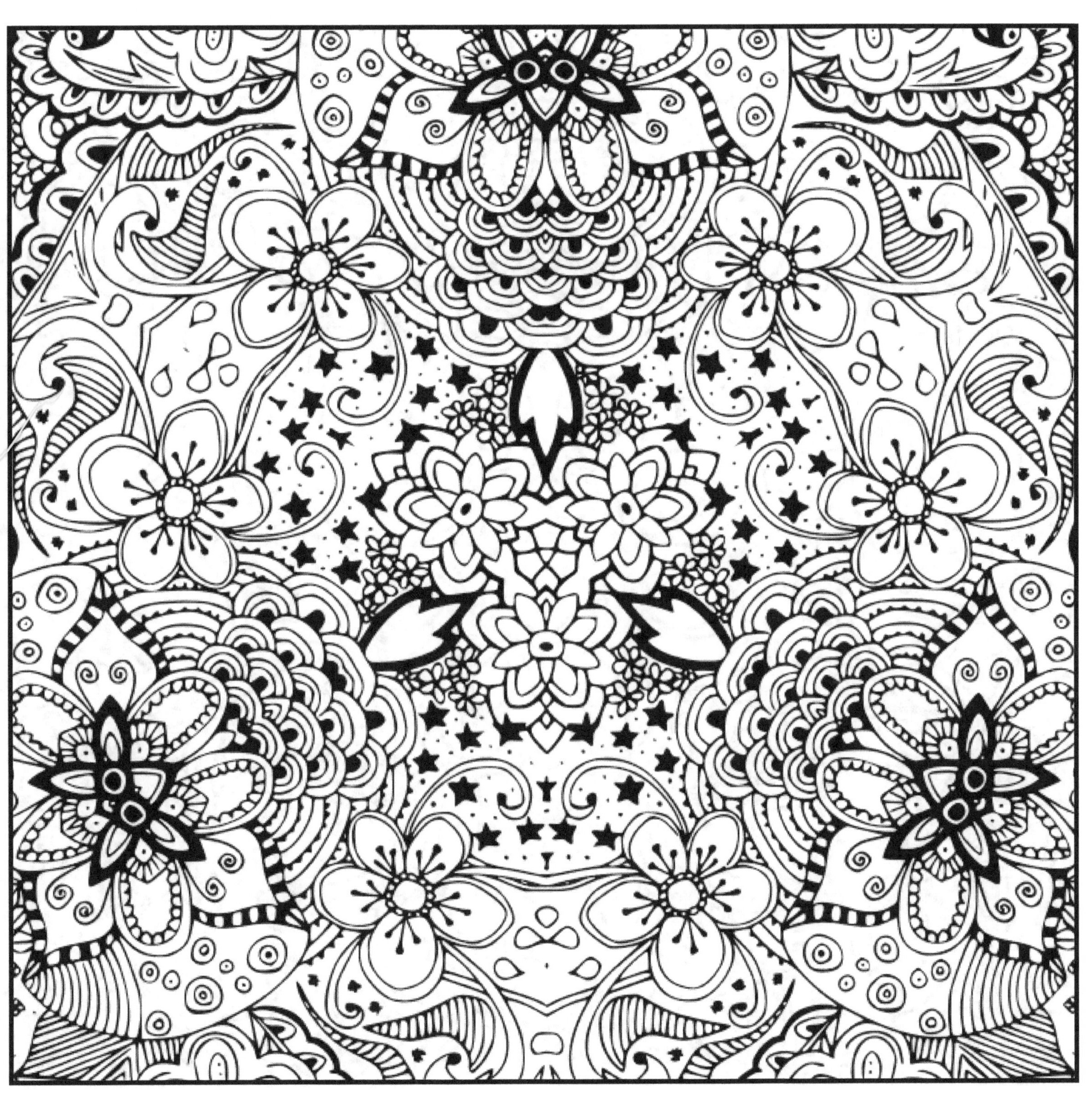

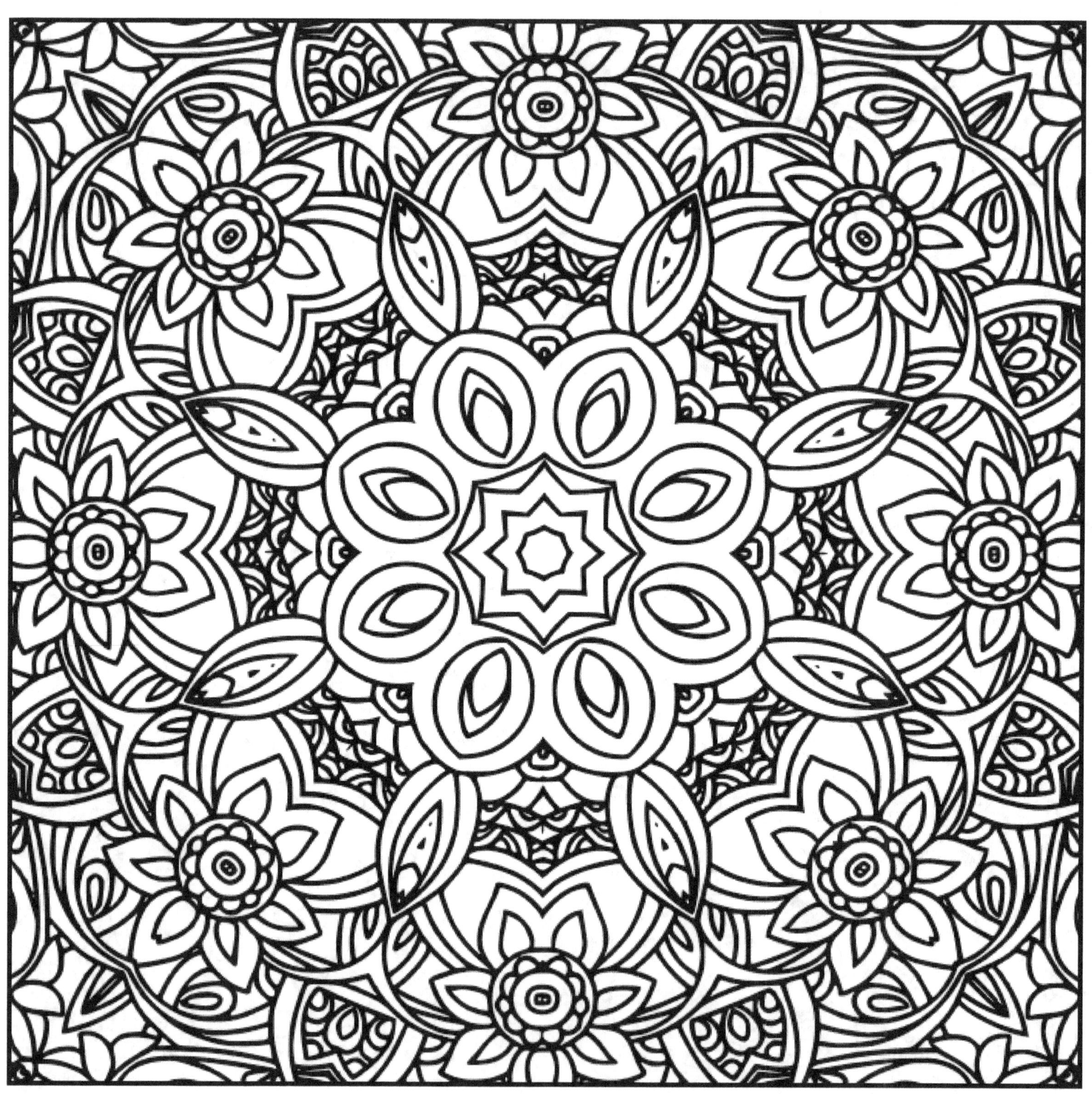

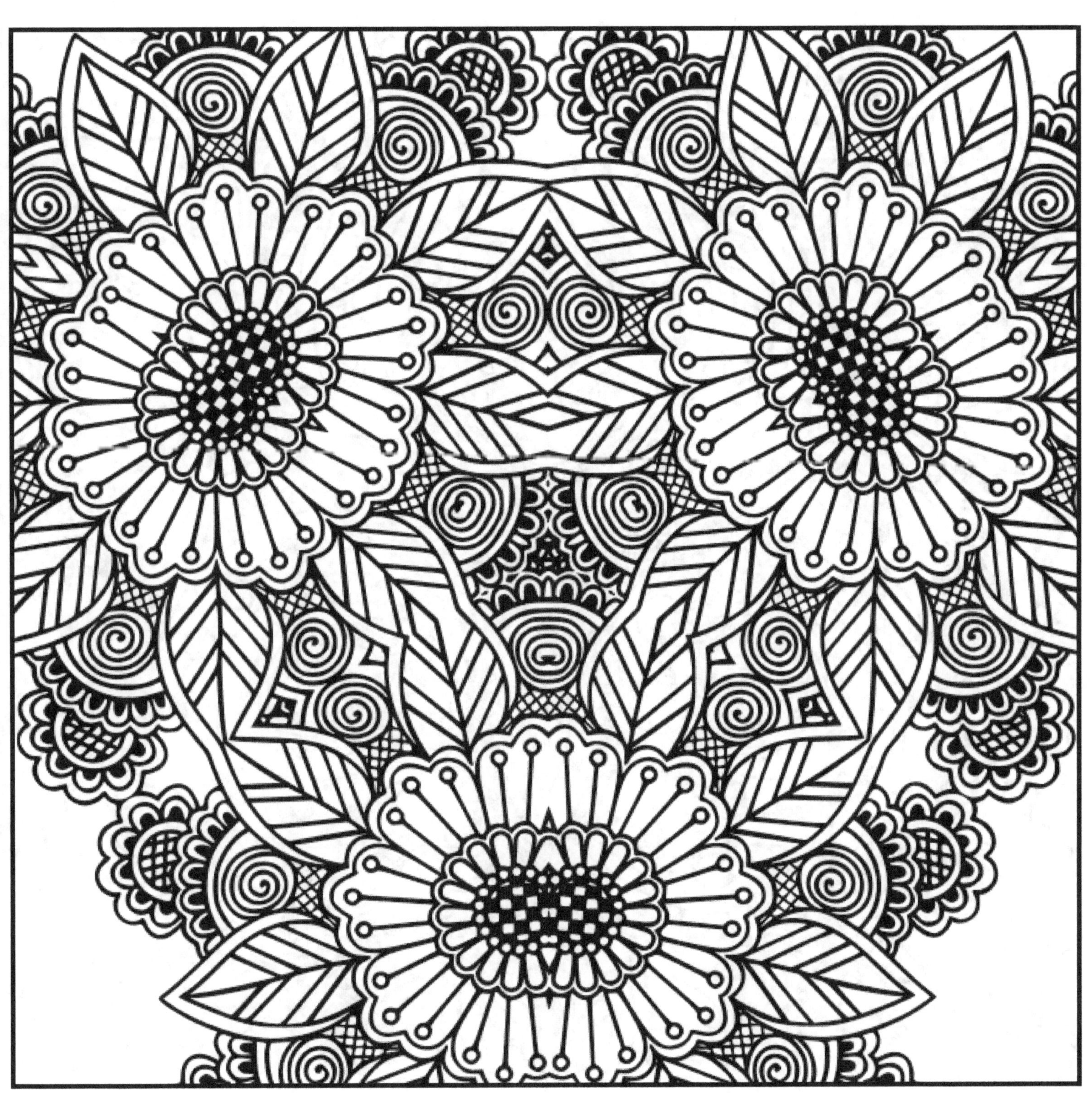

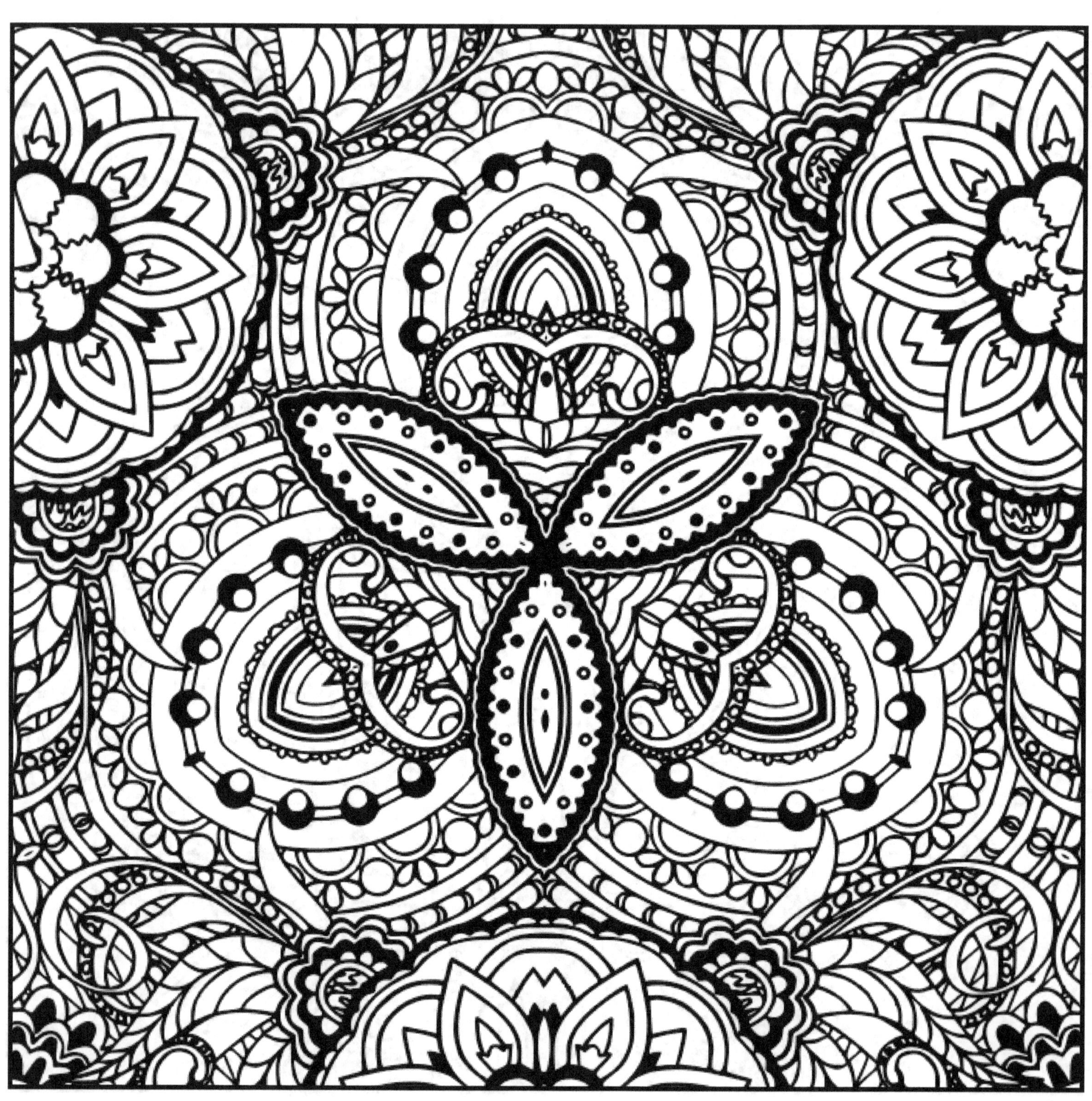

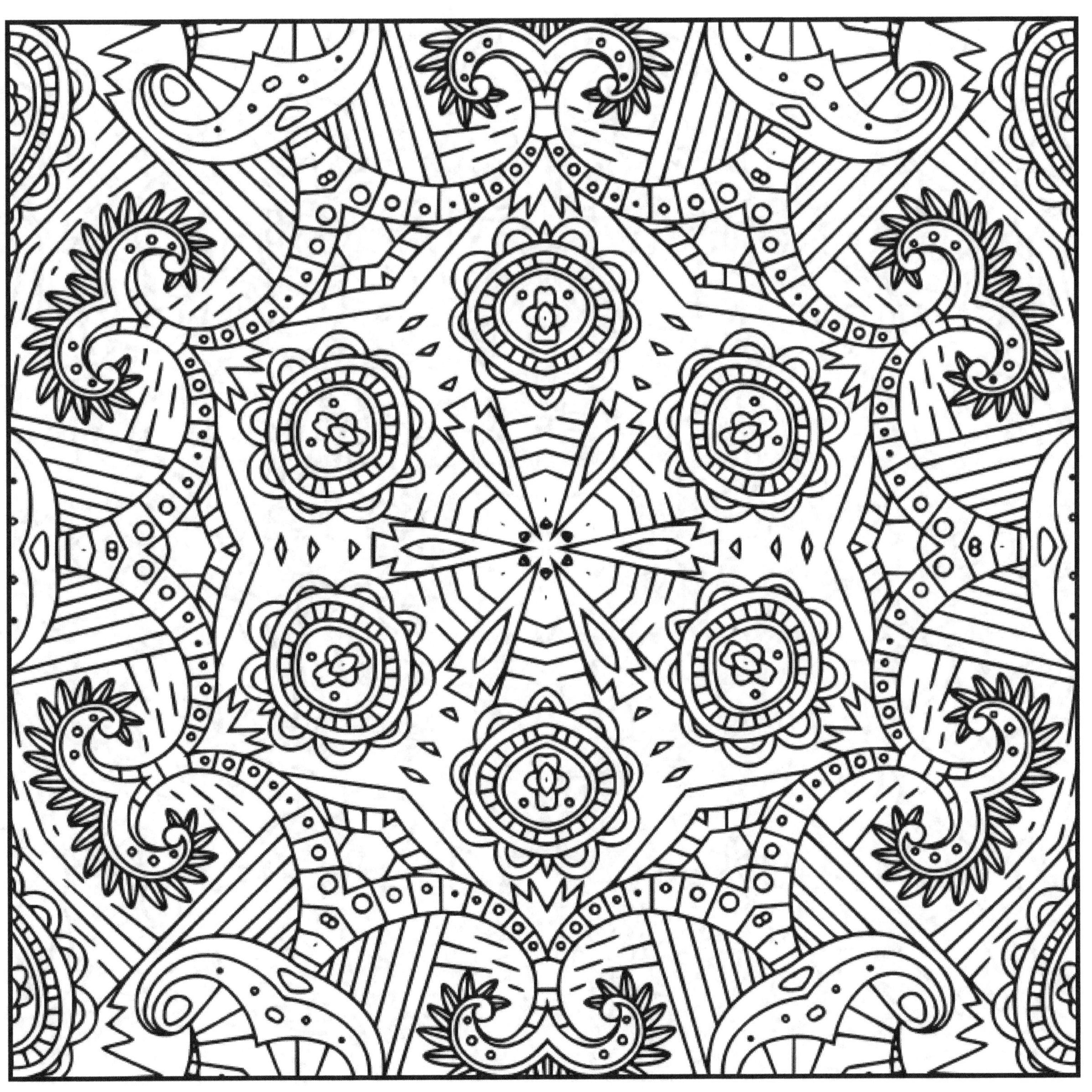

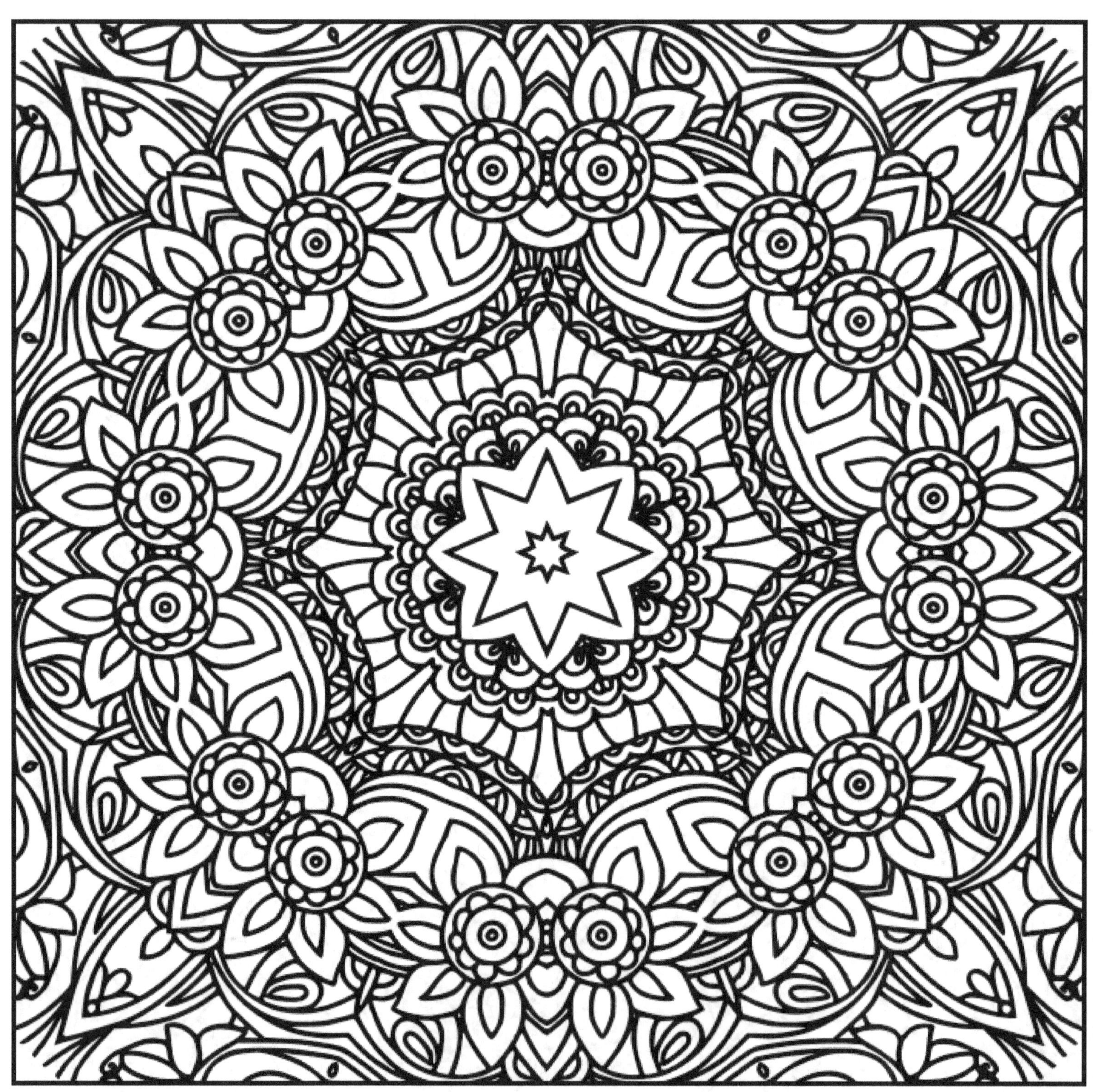

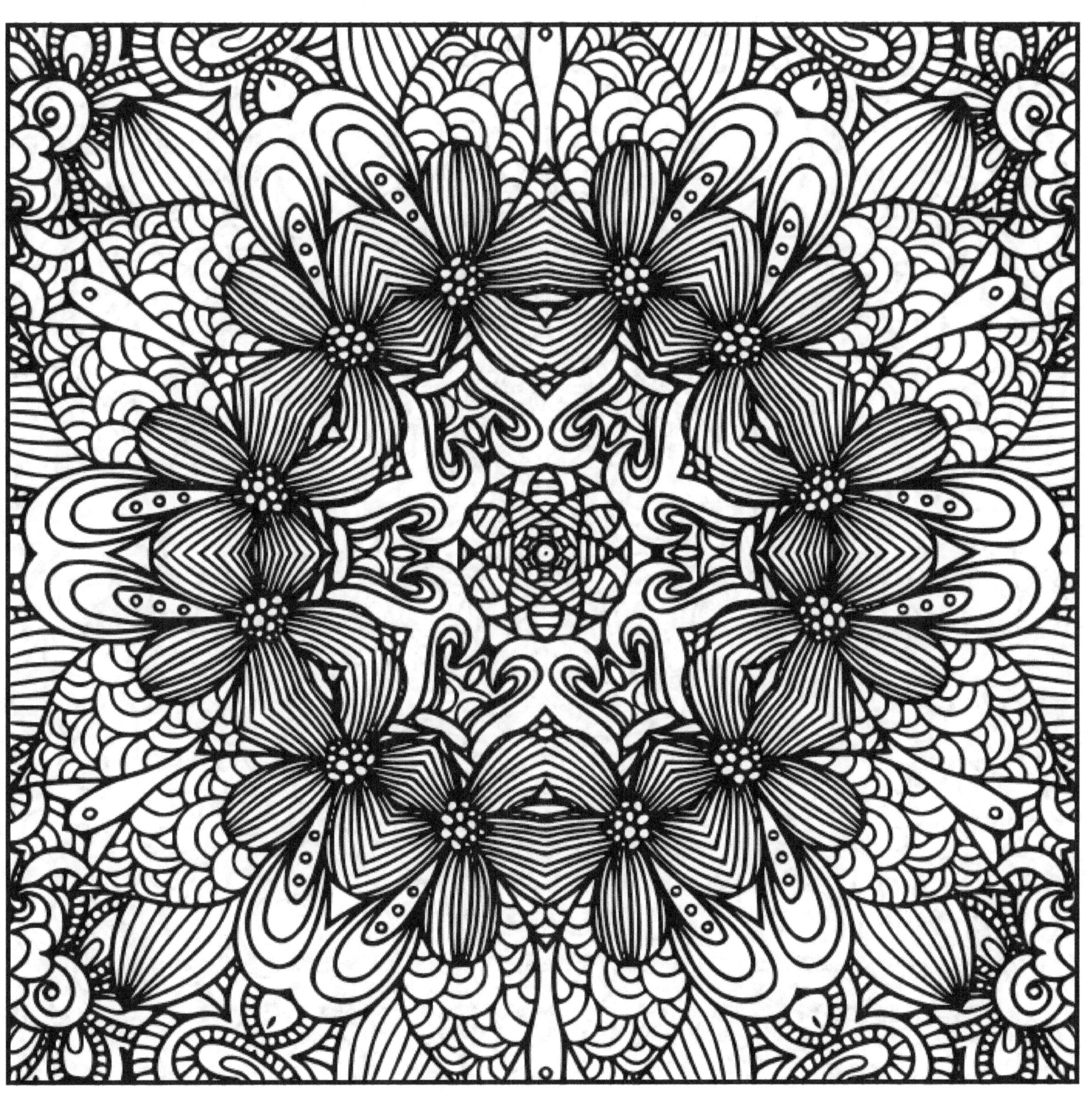

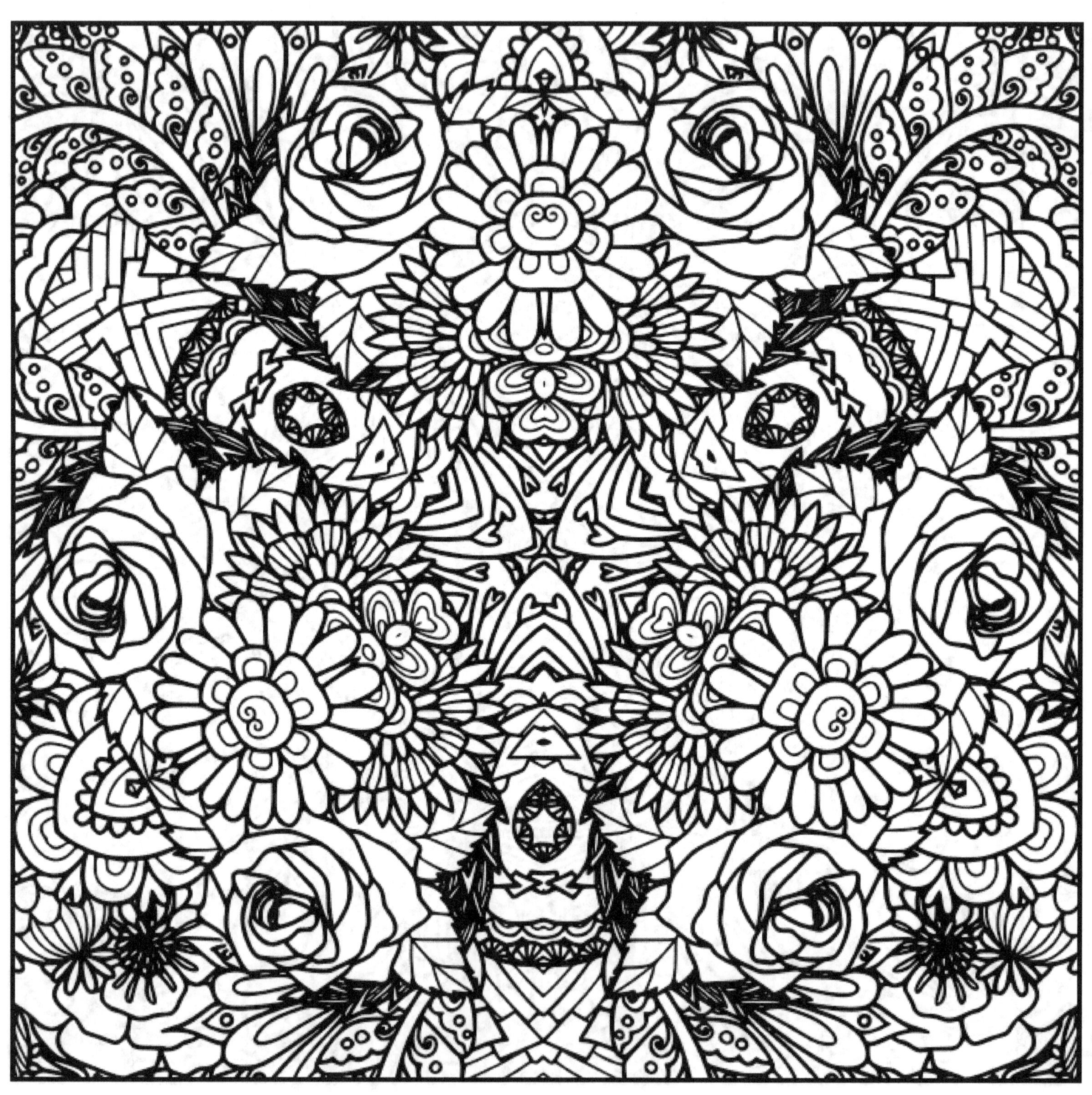

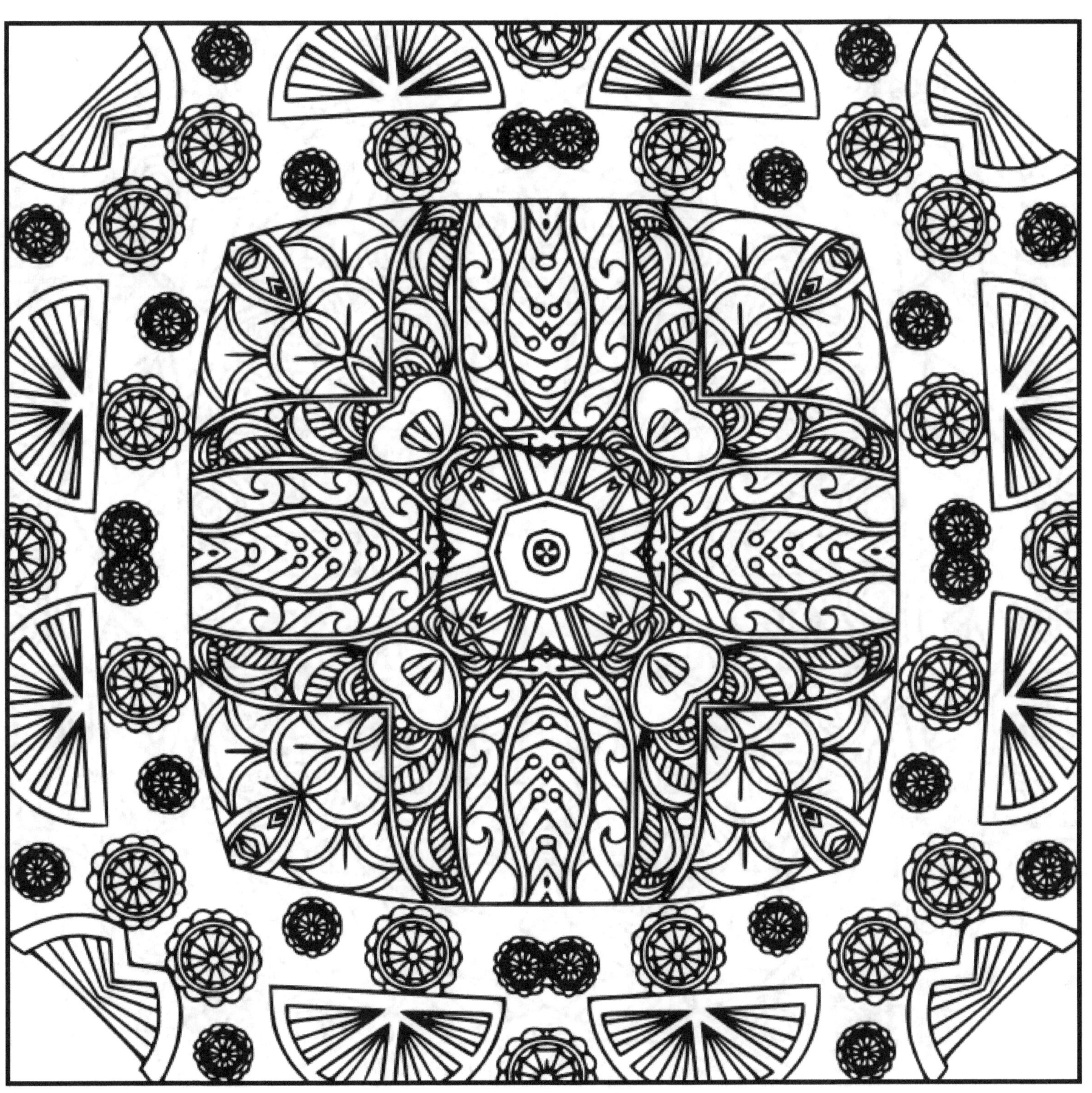

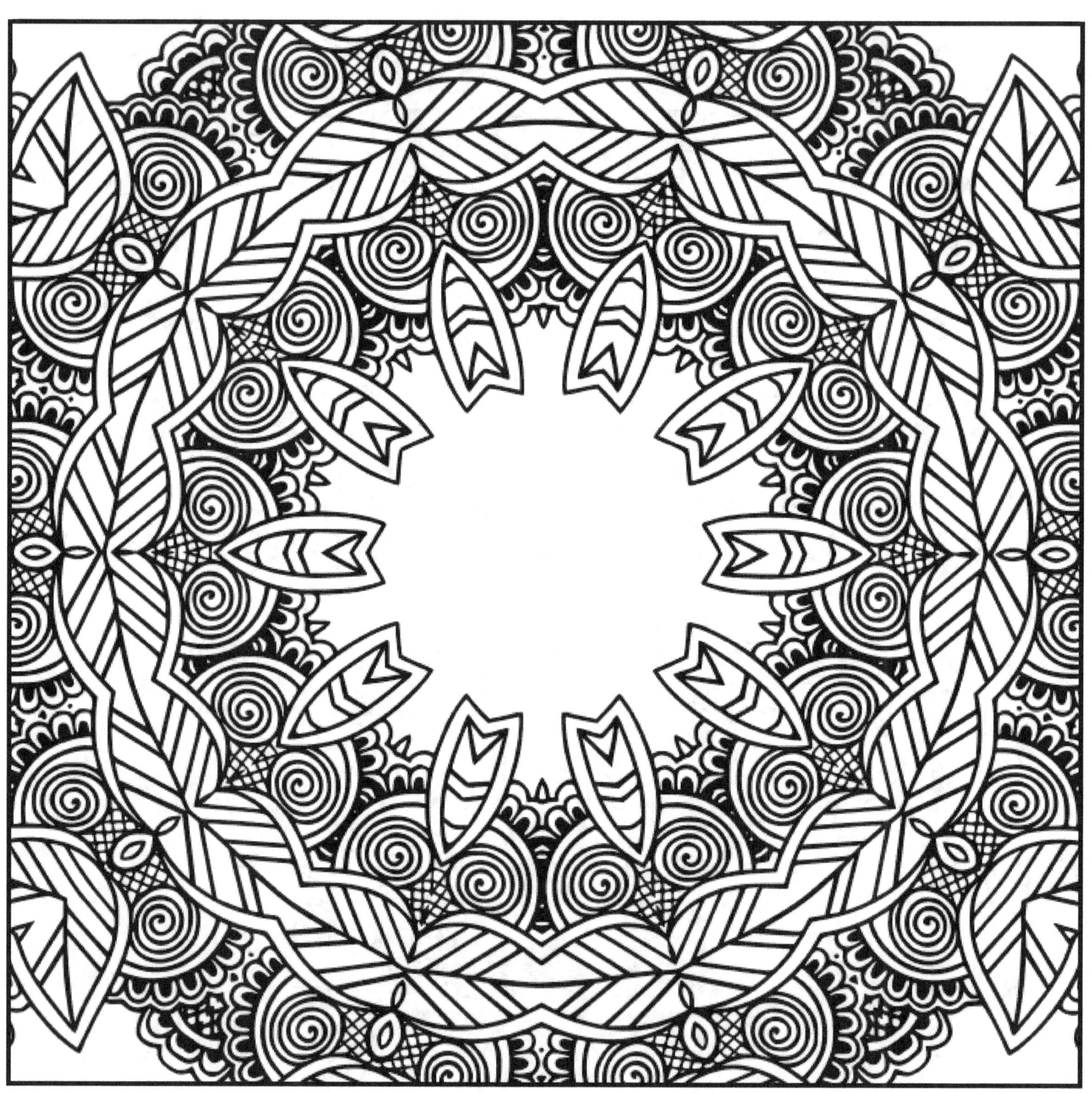

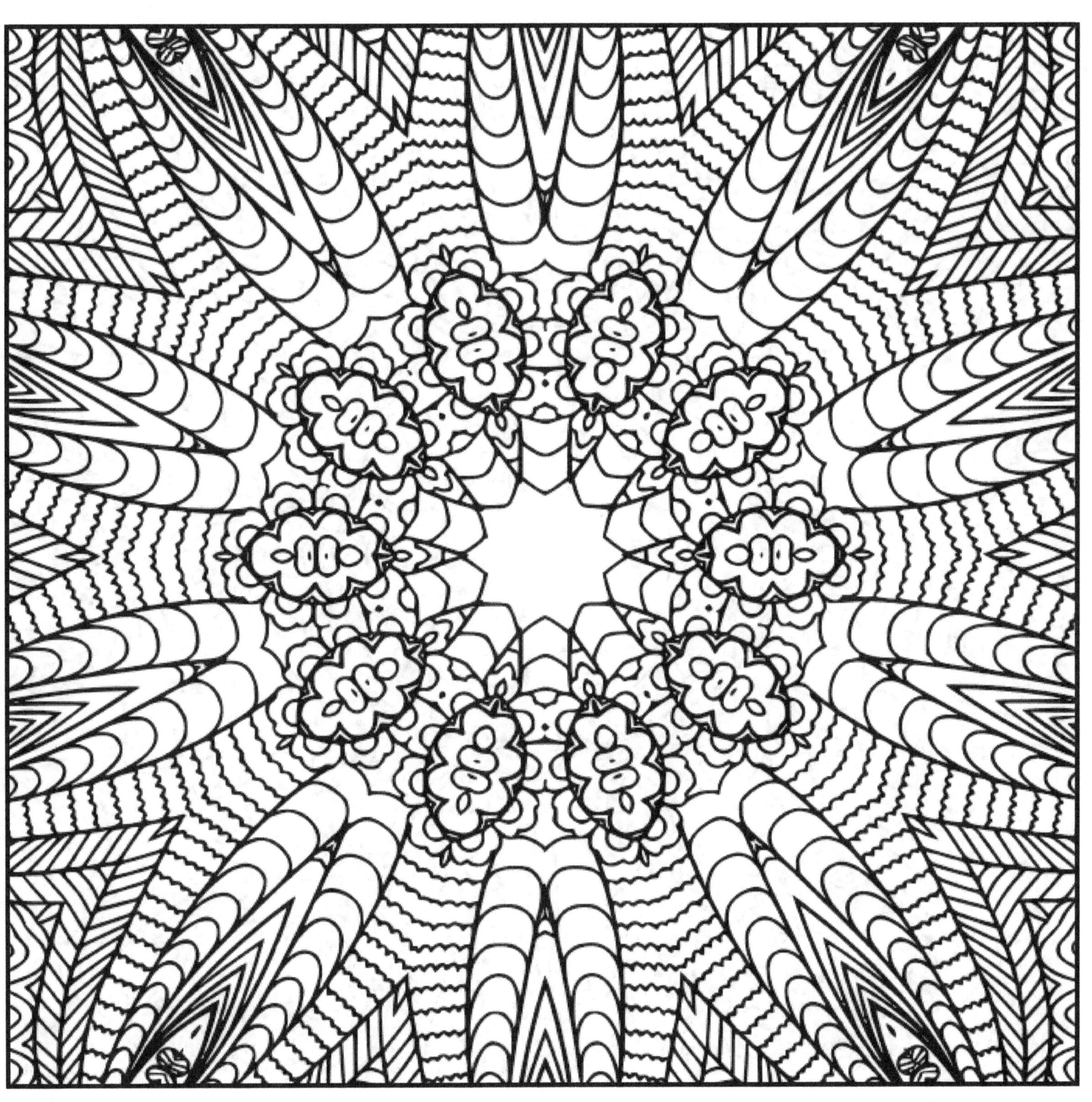

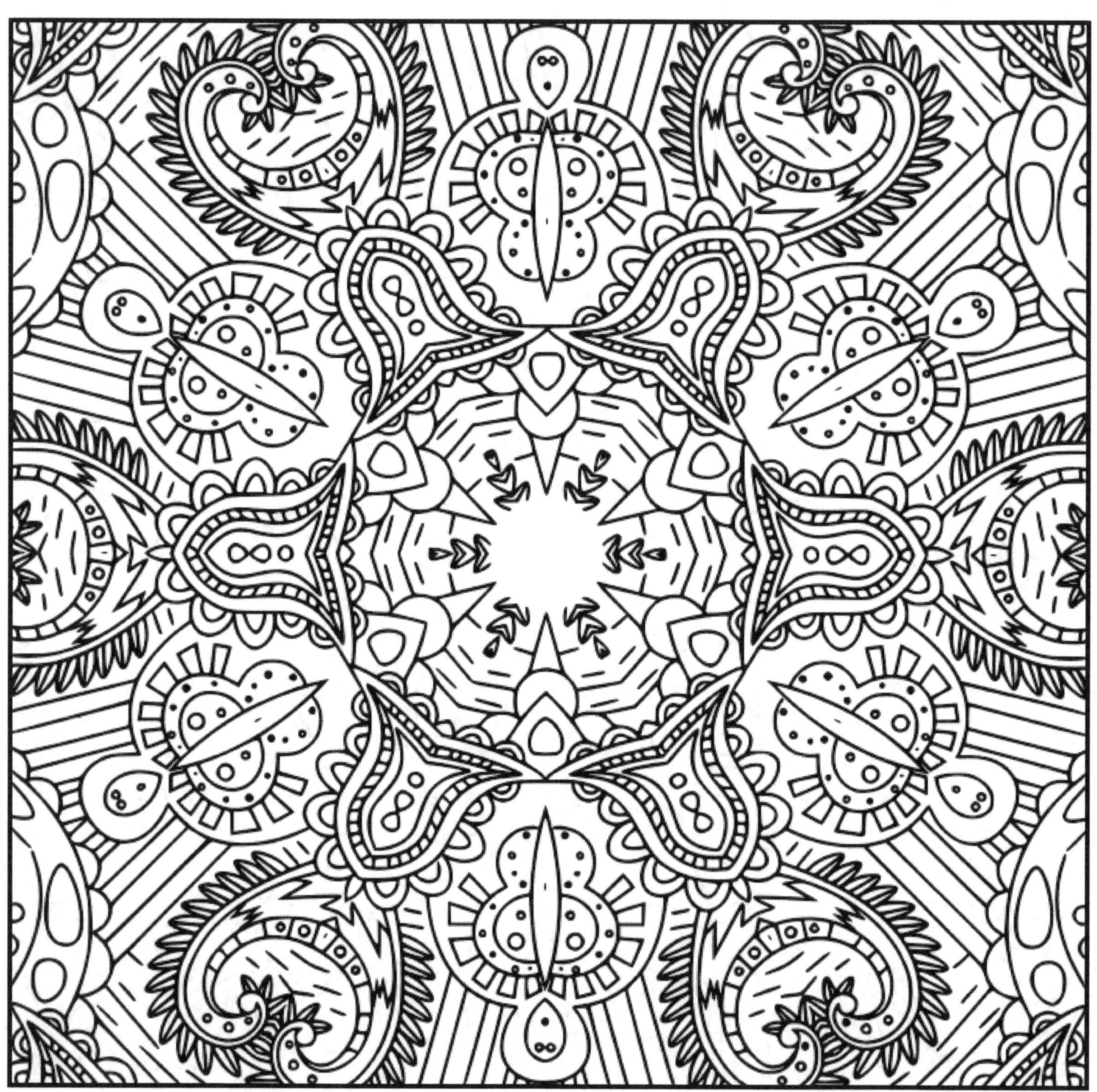

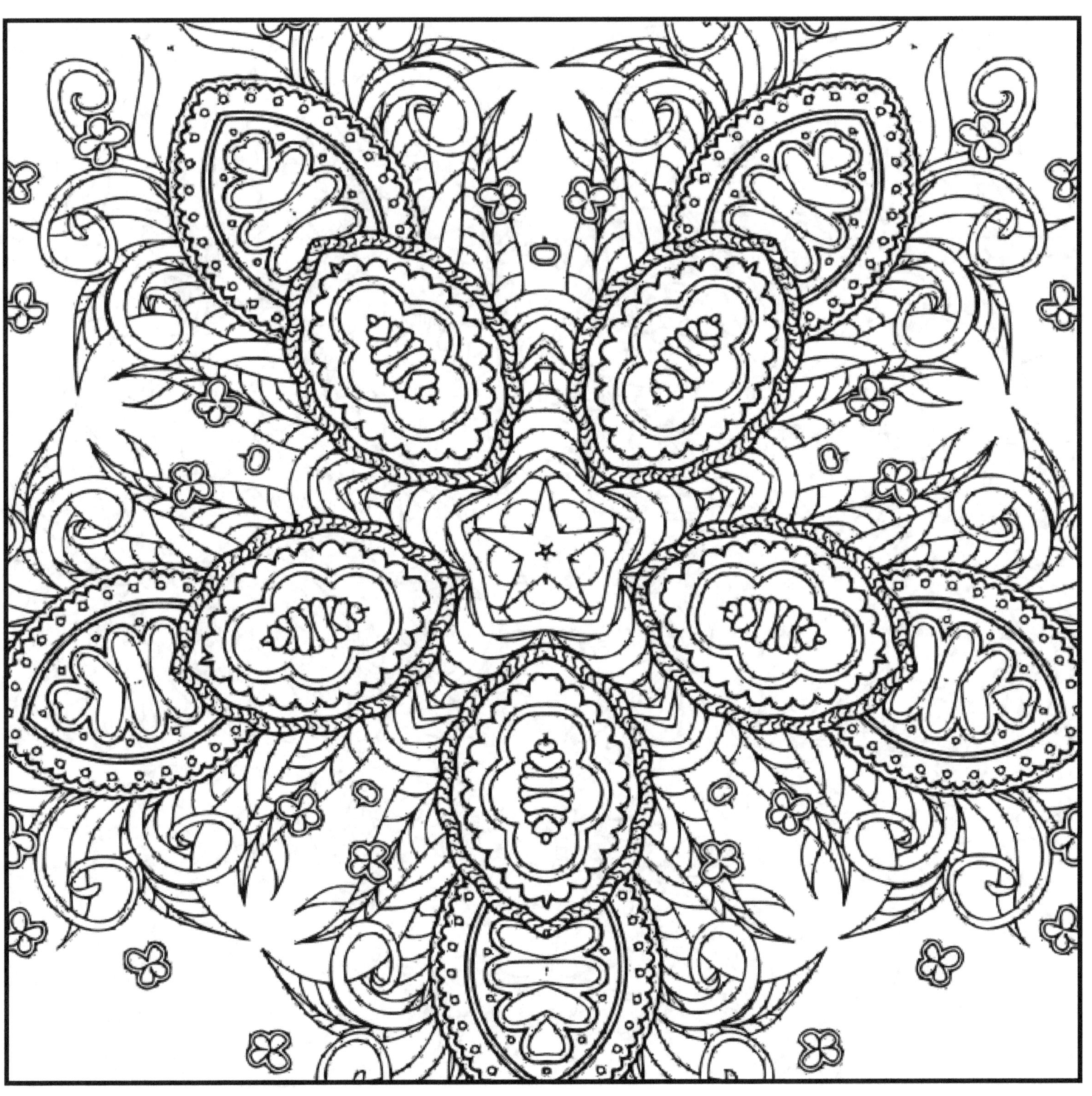

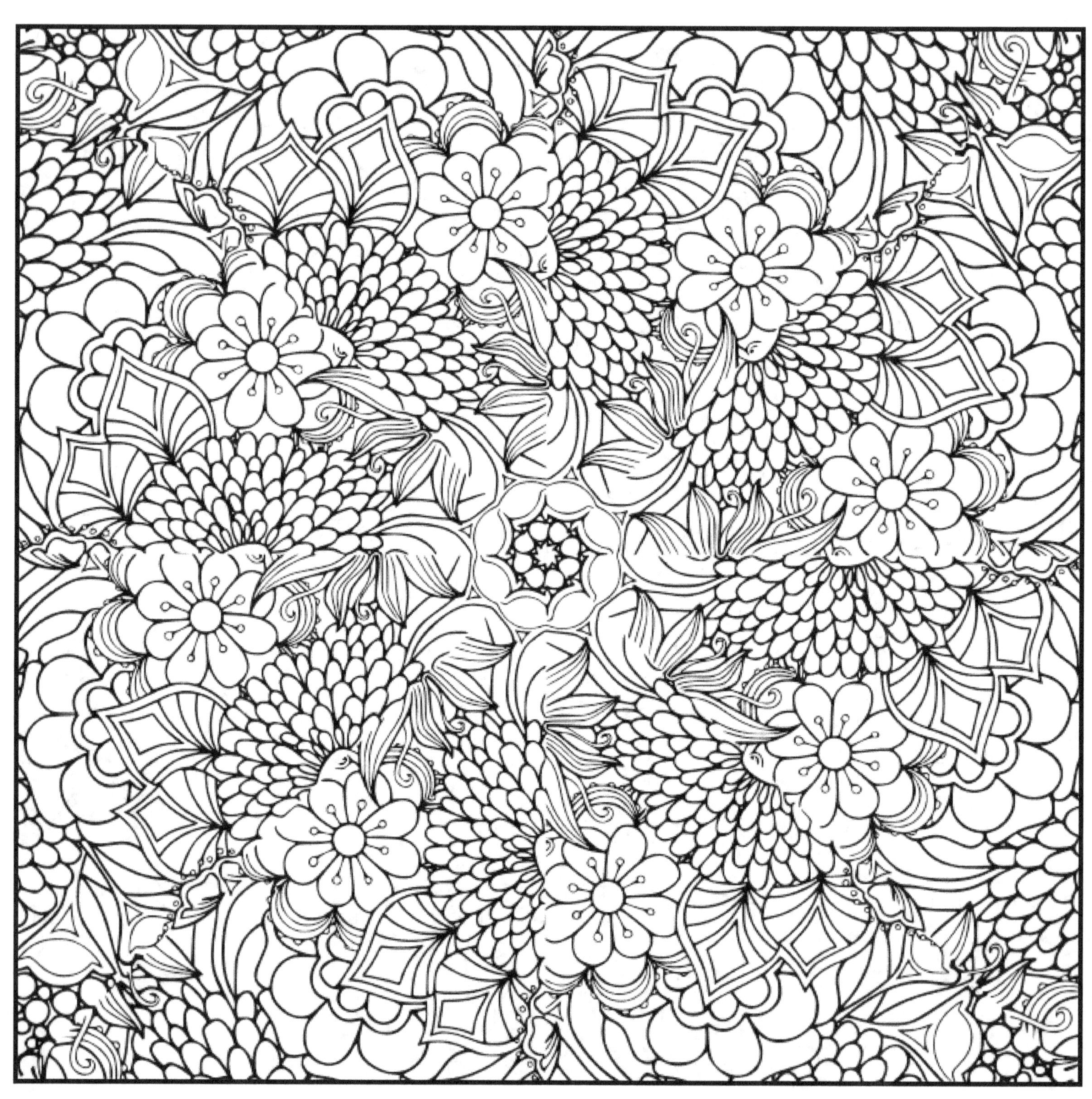

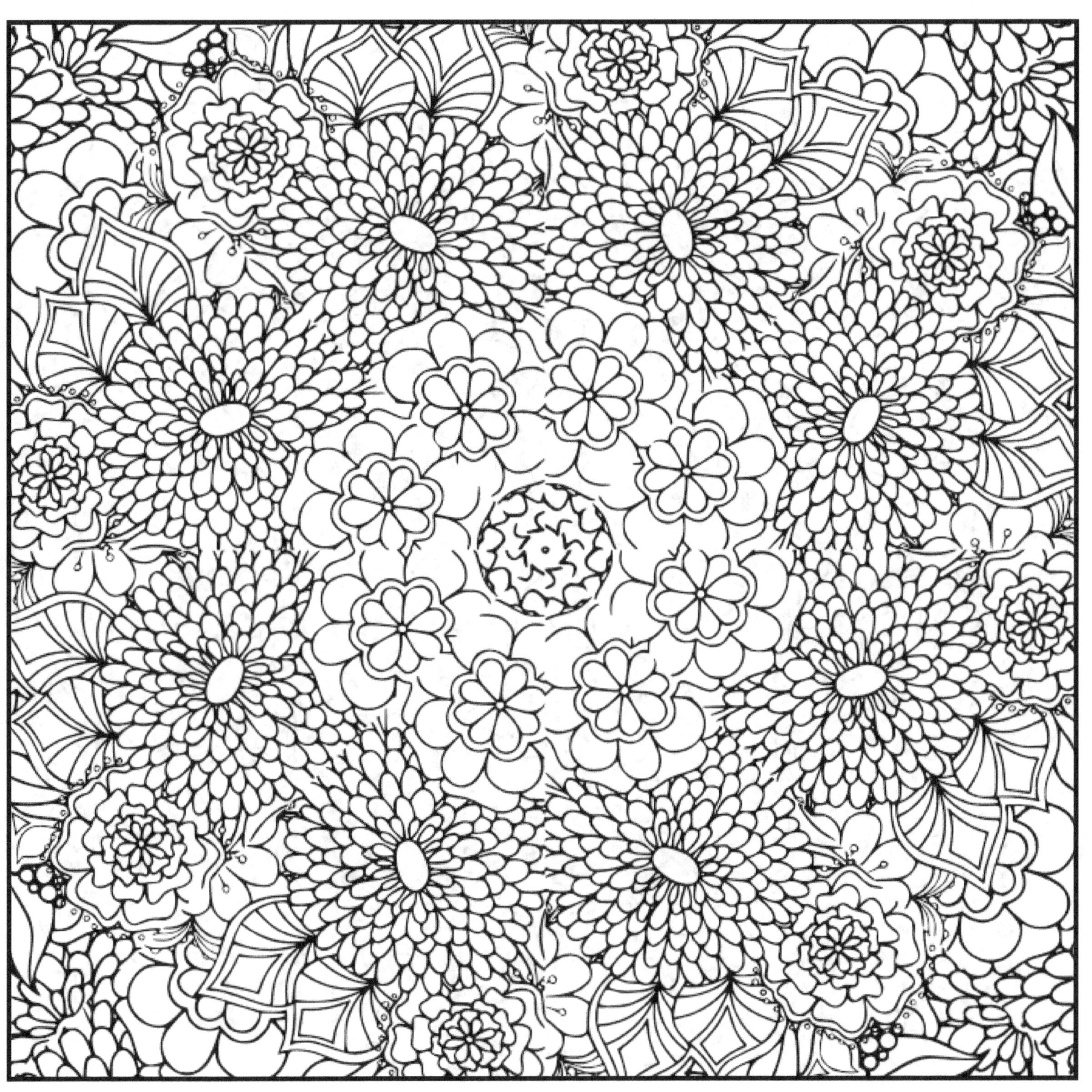

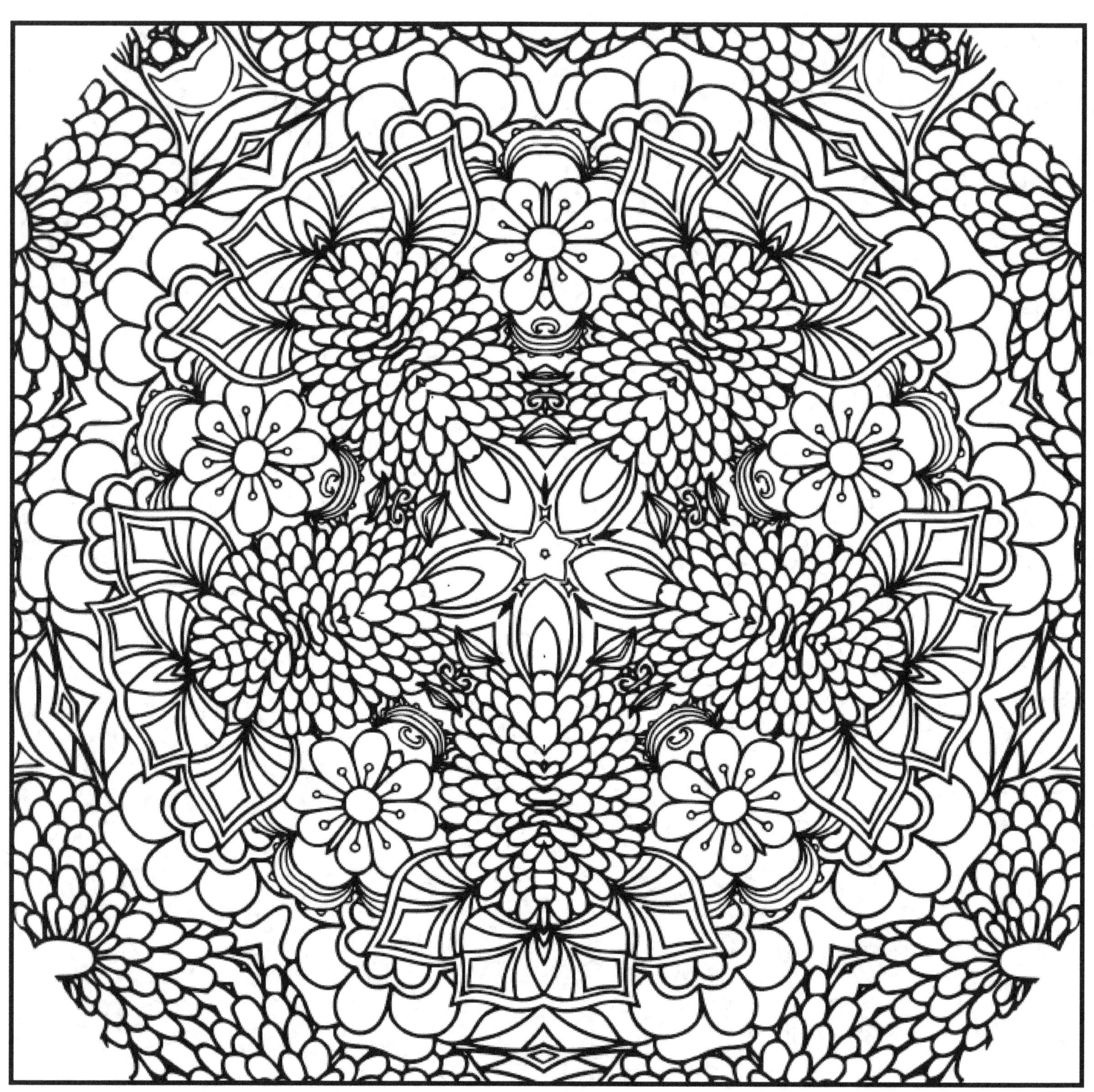

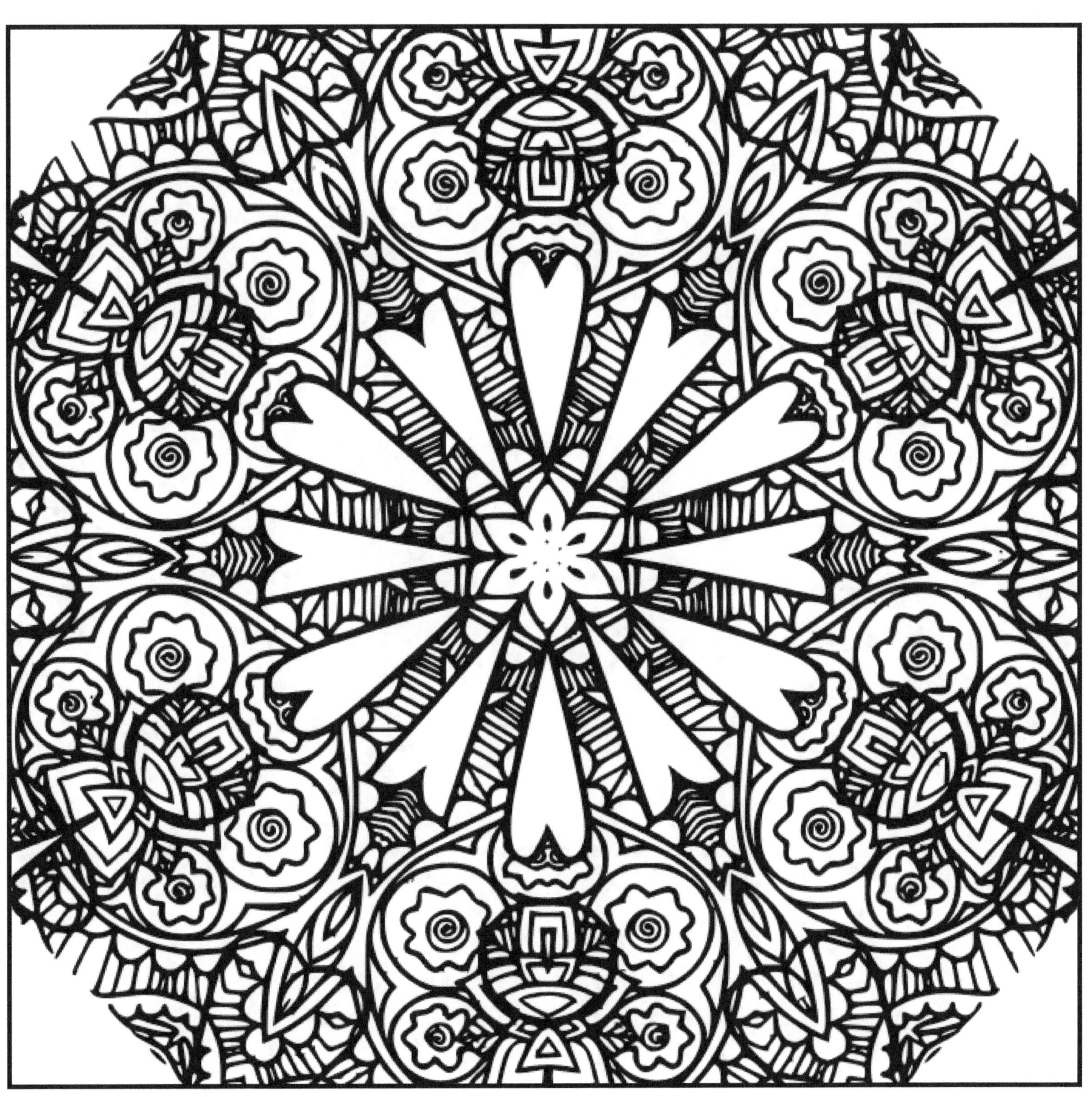

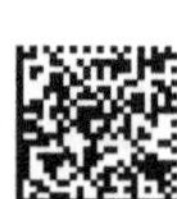

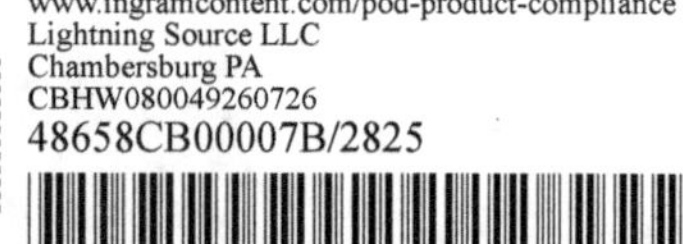